AF313851

*Mis de Lestrange.
5 rue le Lotie,
Paris, 16e arr.*

VENTE

de

MONNAIES GRECQUES ANTIQUES

PROVENANT DE LA COLLECTION
DE FEU LE PROF. S. POZZI

LUCERNE LE 4 AVRIL 1921 ET JOURS SUIVANTS

Prix en francs suisses.

Le 6 avril 1921 le change sur la Suisse était à 244 fr. Autrement dit les prix de vente doivent être augmentés d'une fois et demie environ !

---oooOOOooo---

VENTE POZZI, LE 4 AVRIL 1921 ET JOURS SUIVANTS

Nos	Francs	Nos	Francs	Nos	Francs	Nos	Francs	Nos	Francs
1	12.—	48	30.—	94	115.—	141	28.—	188	100.—
2	26.—	49	32.—	95	140.—	142	13.—	189	50.—
3	35.—	50	305.—	96	80.—	143	30.—	190	60.—
4	16.—	51	41.—	97	200.—	144	12.—	191	42.—
5	10.—	52	17.—	98	45.—	145	40.—	192	230.—
6	21.—	53	37.—	99	36.—	146	105.—	193	40.—
7	10.—	54	26.—	100	165.—	147	3050.—	194	47.—
8	22.—	55	32.—	101	29.—	148	330.—	195	25.—
9	18.—	56	25.—	102	100.—	149	205.—	196	125.—
10	{ 22.—	57	20.—	103	40.—	150	45.—	197	315.—
11	{	58	26.—	104	70.—	151	70.—	198	160.—
12	16.—	59	45.—	105	32.—	152	40.—	199	250.—
13	)	60	155.—	106	205.—	153	235.—	200	210.—
14	{ 20.—	61	45.—	107	20.—	154	68.—	201	575.—
15	)	62	69.—	108	50.—	155	21.—	202	90.—
16	8.—	63	70.—	109	{ 6.—	156	81.—	203	70.—
17	{ 7.—	64	retiré	110	{	157	160.—	204	30.—
18	{	65	14.—	111	200.—	158	150.—	205	120.—
19	220.—	66	360.—	112	63.—	159	150.—	206	300.—
20	41.—	67	270.—	113	100.—	160	220.—	207	45.—
21	39.—	68	55.—	114	26.—	161	80.—	208	60.—
22	{ 11.—	69	80.—	115	41.—	162	41.—	209	25.—
23	{	70	30.—	116	81.—	163	45.—	210	55.—
24	24.—	71	280.—	117	24.—	164	30.—	211	{ 40.—
25	24.—	72	460.—	118	550.—	165	200.—	212	{
26	)	73	90.—	119	260.—	166	40.—	213	17.—
27	{ 6.—	74	37.—	120	36.—	167	32.—	214	910.—
28	)	75	61.—	121	31.—	168	92.—	215	360.—
29	415.—	76	750.—	122	19.—	169	715.—	216	190.—
30	70.—	77	60.—	123	170.—	170	70.—	217	135.—
31	40.—	78	110.—	124	45.—	171	56.—	218	46.—
32	23.—	79	30.—	125	51.—	172	75.—	219	30.—
33	11.—	80	41.—	126	50.—	173	1100.—	220	27.—
34	30.—	81	55.—	127	31.—	174	60.—	221	116.—
35	80.—	82	30.—	128	100.—	175	150.—	222	60.—
36	60.—	83	66.—	129	45.—	176	600.—	223	150.—
37	240.—	84	42.—	130	20.—	177	260.—	224	46.—
38	150.—	85	45.—	131	38.—	178	70.—	225	53.—
39	80.—	86	210.—	132	160.—	179	250.—	226	2000.—
40	165.—	87	47.—	133	80.—	180	41.—	227	80.—
41	25.—	88	76.—	134	32.—	181	30.—	228	80.—
42	22.—	89	61.—	135	50.—	182	1400.—	229	540.—
43	14.—	90	75.—	136	41.—	183	55.—	230	21.—
44	12.—	91	61.—	137	{ 51.—	184	50.—	231	85.—
45	130.—	92	70.—	138	{	185	140.—	232	45.—
46	15.—	93	40.—	139	41.—	186	42.—	233	110.—
47	195.—			140	50.—	187	1300.—	234	53.—

Nos	Francs	Nos	Francs	Nos	Francs	Nos	Francs
235	38.--	282	200.--	329	60.--	376	605.--
236	30.--	283	120.--	330	7.--	377	80.--
237	270.--	284	125.--	331	600.--	378	42.--
238	950.--	285	47.--	332	50.--	379	405.--
239	155.--	286	81.--	333	35.--	380	210.--
240	50.--	287	67.--	334	20.--	381	140.--
241	92.--	288	70.--	335	400.--	382	110.--
242	55.--	289	76.--	336	305.--	383	150.--
243	520.--	290	100.--	337	220.--	384	5.--
244	160.--	291	505.--	338	170.--	385	450.--
245	105.--	292	80.--	339	90.--	386	450.--
246	600.--	293	135.--	340	150.--	387	150.--
247	65.--	294	265.--	341	61.--	388	700.--
248	35.--	295	60.--	342	13.--	389	10000.--
249	71.--	296	380.--	343	255.--	390	320.--
250	310.--	297	105.--	344	16.--	391	350.--
251	24.--	298	110.--	345	100.--	392	205.--
252	70.--	299	60.--	346	860.--	393	30.--
253	700.--	300	70.--	347	60.--	394	70.--
254	150.--	301	130.--	348	41.--	395	40.--
255	61.--	302	40.--	349	61.--	396	6925.--
256	100.--	303	105.--	350	60.--	397	4000.--
257	160.--	304	310.--	351	2000.--	398	125.--
258	100.--	305	215.--	352	105.--	399	4425.--
259	265.--	306	66.--	353	130.--	400	1525.--
260	40.--	307	1975.--	354	400.--	401	610.--
261	90.--	308	155.--	355	310.--	402	320.--
262	75.--	309	70.--	356	11.--	403	1650.--
263	27.--	310	16.--	357	20.--	404	1050.--
264	22.--	311	95.--	358	17.--	405	205.--
265	250.--	312	105.--	359	12.--	406	8925.--
266	7.--	313	385.--	360	40.--	407	120.--
267	70.--	314	455.--	361	65.--	408	20.--
268	61.--	315	150.--	362	16.--	409	750.--
269	37.--	316	140.--	363	15.--	410	410.--
270	415.--	317	1250.--	364	30.--	411	255.--
271	150.--	318	1250.--	365	96.--	412	565.--
272	52.--	319	100.--	366	60.--	413	305.--
273	80.--	320	25.--	367	45.--	414	305.--
274	38.--	321	6.--	368	58.--	415	205.--
275	140.--	322	270.--	369	32.--	416	250.--
276	25.--	323	265.--	370	26.--	417	285.--
277	71.--	324	455.--	371	15.--	418	1025.--
278	76.--	325	22.--	372	6.--	419	3025.--
279	290.--	326	17.--	373	20.--	420	710.--
280	11.--	327	17.--	374	45.--	421	70.--
281	45.--	328	27.--	375	535.--	422	42.--

Nos	Francs	Nos	Francs	Nos	Francs	Nos	Francs
423	310.--	470	135.--	517	260.--	564	250.--
424	110.--	471	50.--	518	75.--	565	105.--
425	355.--	472	370.--	519	65.--	566	380.--
426	125.--	473	95.--	520	155.--	567	110.--
427	510.--	474	85.--	521	135.--	568	50.--
428	60.--	475	115.--	522	100.--	569	40.--
429	105.--	476	310.--	523	95.--	570	950.--
430	50.--	477	70.--	524	71.--	571	27.--
431	145.--	478	70.--	525	185.--	572	155.--
432	10025.--	479	50.--	526	28.--	573	125.--
433	165.--	480	30.--	527	105.--	574	1625.--
434	80.--	481	65.--	528	85.--	575	85.--
435	900.--	482	210.--	529	205.--	576	110.--
436	50.--	483	32.--	530	120.--	577	240.--
437	60.--	484	60.--	531	1325.--	578	100.--
438	75.--	485	105.--	532	48.--	579	50.--
439	160.--	486	52.--	533 (	51.--	580	555.--
440	165.--	487	26.--	534 (	51.--	581	335.--
441	810.--	488	150.--	535	110.--	582	250.--
442	195.--	489	185.--	536	95.--	583	55.--
443	65.--	490	310.--	537	100.--	584	2025.--
444	520.--	491	445.--	538	150.--	585	105.--
445	18100.--	492	230.--	539	250.--	586	35.--
446	1600.--	493	120.--	540	185.--	587	370.--
447	65.--	494	805.--	541	150.--	588	95.--
448	75.--	495	420.--	542	1050.--	589	225.--
449	75.--	496	720.--	543	315.--	590	200.--
450	30.--	497	110.--	544	200.--	591	450.--
451	360.--	498	31.--	545	210.--	592	250.--
452	185.--	499	81.--	546	150.--	593	230.--
453	90.--	500	15.--	547	420.--	594	45.--
454	50.--	501	765.--	548	350.--	595	440.--
455	2025.--	502	400.--	549	3125.--	596	56.--
456	255.--	503	61.--	550	51.--	597	80.--
457	175.--	504	35.--	551	210.--	598	150.--
458	110.--	505	41.--	552	240.--	599	160.--
459	75.--	506	1625.--	553	205.--	600	420.--
460	650.-- ?	507	225.--	554	555.--	601	420.--
461	65.--	508	750.--	555	65.--	602	150.--
462	120.--	509	60.--	556	40.--	603	200.--
463	160.--	510	30.--	557	30.--	604	170.--
464	85.--	511	650.--	558	20.--	605	3050.--
465	52.--	512	400.--	559	60.--	606	4000.--
466	910.--	513	300.--	560	250.--	607	390.--
467	115.--	514	160.--	561	90.--	608	720.--
468	65.--	515	11.--	562	115.--	609	17050.--
469	125.--	516	100.--	563	23.--	610	13523 --

Nos	Francs	Nos	Francs	Nos	Francs	Nos	Francs
611	3750.--	658	350	705	)	752	450.--
612	2400.--	659	510.--	706	505.--	753	2725.--
613	1700.--	660	290.--	707	2600.--	754	305.--
614	1000.--	661	165.--	708	810.--	755	42.--
615	1700.--	662	150.--	709	12.--	756	38.--
616	1375.--	663	200.--	710	210.--	757	12.--
617	2175.--	664	205.--	711	40.--	758	40.--
618	180.--	665	16.--	712	15.--	759	40.--
619	1425.--	666	90.--	713	155.--	760	5.--
620	1000.--	667	300.--	714	30.--	761	90.--
621	1200.--	668	145.--	715	5025.--	762	6.--
622	500.--	669	50.--	716	1950.--	763	60.--
623	700.--	670	100.--	717	260.--	764	30.--
624	670.--	671	70.--	718	330.--	765	30.--
625	350.--	672	7.--	719	410.--	766	(11.--
626	570.--	673	310.--	720	305.--	767	(
627	415.--	674	105.--	721	42.--	768	2600.--
628	40.--	675	75.--	722	)	769	220.--
629	6700.--	676	72.--	723	(50.--	770	500.--
630	330.--	677	105.--	724	)	771	800.--
631	310.--	678	25.--	725	(	772	800.--
632	retiré	679	5.--	726	12.--	773	)
633	140.--	680	(46.--	727	5.--	774	(
634	2100.--	681	(	728	15.--	775	(61.--
635	60.--	682	46.--	729	170.--	776	)
636	100.--	683	40.--	730	710.--	777	43.--
637	31.--	684	46.--	731	5.--	778	)
638	110.--	685	200.--	732	20.--	779	)
639	300.--	686	205.--	733	30.--	780	)
640	450.--	687	90.--	734	31.--	781	(16.--
641	180.--	688	300.--	735	240.--	782	)
642	320.--	689	180.--	736	225.--	783	)
643	50.--	690	105.--	737	3700.--	784	)
644	45.--	691	(7.--	738	35.--	785	6025.--
645	1325.--	692	(	739	45.--	786	380.--
646	115.--	693	55.--	740	42.--	787	1050.--
647	90.--	694	1000.--	741	50.--	788	830.--
648	360.--	695	12.--	742	480.--	789	1025.--
649	2600.--	696	1525.--	743	145.--	790	30.--
650	1025.--	697	71.--	744	1000.--	791	210.--
651	550.--	698	32.--	745	65.--	792	25.--
652	960.--	699	360.--	746	100.--	793	61.--
653	760.--	700	41.--	747	15.--	794	65.--
654	3100.--	701	30.--	748	305.--	795	11.--
655	40.--	702	205.--	749	305.--	796	42.--
656	105.--	703	)	750	1675.--	797	125.--
657	170.--	704	(30.--	751	1675.--	798	100.--

Nos	Francs	Nos	Francs	Nos	Francs	Nos	Francs
799	15.--	846	100.--	893 (	105.--	940	44.--
800 (	32.--	847	70.--	894)		941	20.--
801 (		848	72.--	895)		942	9.--
802	20.--	849	80.--	896	11.--	943	7.--
803	10.--	850	140.--	897	45.--	944	16.--
804	26.--	851 (	55.--	898	25.--	945	210.--
805	33.--	852 (		899	10.--	946	185.--
806	21.--	853	90.--	900	25.--	947	40.--
807	6.--	854 (	30.--	901	52.--	948	33.--
808	14.000.--	855 (		902	85.--	949	13.--
809	1050.--	856	4.--	903	56.--	950	48.--
810	690.--	857	11.--	904	35.--	951	25.--
811	1800.--	858	4.--	905	25.--	952	12.--
812	31.--	859)		906	32.--	953	6.--
813	31.--	860 (	22.--	907	32.--	954	20.--
814	25.--	861)		908	25.--	955	1025.--
815	1100.--	862	250.--	909	16.--	956	910.--
816	60.--	863	800.--	910	100.--	957	41.--
817	60.--	864	650.--	911	11.--	958	150.--
818	16.--	865	155.--	912	25.--	959	190.--
819	11.--	866	155.--	913	26.--	960	80.--
820	4.--	867	175.--	914	31.--	961	60.--
821	510.--	868	135.--	915	25.--	962	140.--
822	640.--	869	155.--	916	22.--	963	205.--
823)		870	150.--	917	10.--	964	350.--
824 (	32.--	871	130.--	918	25.--	965	120.--
825)		872	100.--	919	23.--	966	300.--
826	200.--	873	100.--	920	9.--	967	150.--
827	50.--	874	205.--	921 (	51.--	968	220.--
828	10.--	875	270.--	922 (		969	230.--
829	30.--	876	200.--	923	8.--	970	125.--
830	15.--	877	90.--	924	23.--	971	50.--
831	255.--	878	115.--	925	48.--	972	145.--
832	68.--	879	25.--	926	20.--	973	300.--
833	360.--	880	60.--	927	43.--	974	105.--
834	165.--	881 (	61.--	928	30.--	975	80.--
835	160.--	882 (		929	32.--	976	6.--
836	230.--	883	50.--	930	50.--	977	22.--
837	105.--	884 (		931	42.--	978	35.--
838	280.--	885 ((	63.--	932	46.--	979	4.--
839	240.--	886)		933	42.--	980	300.--
840	300.--	887 (	75.--	934	45.--	981	130.--
841	195.--	888)		935	65.--	982	315.--
842	85.--	889	31.--	936	30.--	983	350.--
843	160.--	890	12.--	937	61.--	984	140.--
844	retiré	891)		938	20.--	985	29.--
845	130.--	892)		939	18.--	986	100.--

Nos	Francs	Nos	Francs	Nos	Francs	Nos	Francs
987	55.--	1034	12.--	1081	20.--	1128	(16.--
988	52.--	1035	9.--	1082	310.--	1129	(
989	125.--	1036	45.--	1083	85.--	1130	32.--
990	90.--	1037	2550.--	1084	31.--	1131	)
991	105.--	1038	2125.--	1085	61.--	1132	(6.--
992	36.--	1039	1900.--	1086	6.--	1133	)
993	15.--	1040	915.--	1087	135.--	1134	225.--
994	90.--	1041	135.--	1088	27.--	1135	460.--
995	95.--	1042	125.--	1089	3.--	1136	205.--
996	26.--	1043	210.--	1090	900.--	1137	115.--
997	75.--	1044	350.--	1091	1400.--	1138	53.--
998	16.--	1045	100.--	1092	1425.--	1139	300.--
999	120.--	1046	100.--	1093	65.--	1140	(6.--
1000	390.--	1047	280.--	1094	145.--	1141	(
1001	160.--	1048	265.--	1095	110.--	1142	12.--
1002	15.--	1049	55.--	1096	20.--	1143	410.--
1003	21.--	1050	)	1097	6.--	1144	(31.--
1004	55.--	1051	(65.--	1098	6.--	1145	(
1005	22.--	1052	)	1099	31.--	1146	71.--
1006	4.--	1053	8.--	1100	410.--	1147	21.--
1007	20.--	1054	13.--	1101	460.--	1148	21.--
1008	16.--	1055	13.--	1102	)	1149	11.--
1009	20.--	1056	80.--	1103	)	1150	1050.--
1010	440.--	1057	860.--	1104	(21.--	1151	100.--
1011	26.--	1058	70.--	1105	)	1152	41.--
1012	20.--	1059	560.--	1106	)	1153	135.--
1013	415.--	1060	30.--	1107	21.--	1154	(21.--
1014	505.--	1061	30.--	1108	26.--	1155	(
1015	510.--	1062	70.--	1109	200.--	1156	12.--
1016	620.--	1063	910.--	1110	200.--	1157	800.--
1017	500.--	1064	650.--	1111	200.--	1158	165.--
1018	1600.--	1065	65.--	1112	90.--	1159	190.--
1019	705.--	1066	20.--	1113	190.--	1160	(5.--
1020	1200.--	1067	370.--	1114	20.--	1161	(
1021	450.--	1068	260.--	1115	12.--	1162	11.--
1022	1025.--	1069	(21.--	1116	3.--	1163	4.--
1023	900.--	1070	(	1117	190.--	1164	360.--
1024	620.--	1071	1000.--	1118	260.--	1165	330.--
1025	700.--	1072	400.--	1119	75.--	1166	235.--
1026	155.--	1073	315.--	1120	170.--	1167	150.--
1027	450.--	1074	430.--	1121	5.--	1168	80.--
1028	105.--	1075	350.--	1122	32.--	1169	210.--
1029	70.--	1076	610.--	1123	30.--	1170	188.--
1030	21.--	1077	155.--	1124	(6.--	1171	130.--
1031	10.--	1078	755.--	1125	(	1172	72.--
1032	20.--	1079	205.--	1126	30.--	1173	70.--
1033	30.--	1080	205.--	1127	17.--	1174	80.--

Nos	Francs	Nos	Francs	Nos	Francs	Nos	Francs
1175	20.--	1222	54.--	1269	11.--	1316	500.--
1176	70.--	1223	65.--	1270	55.--	1317	28.--
1177	61.--	1224	560.--	1271	31.--	1318	43.--
1178	61.--	1225	40.--	1272	8.--	1319	31.--
1179	260.--	1226	60.--	1273)		1320	50.--
1180	65.--	1227	40.--	1274 (	9.--	1321	35.--
1181	31.--	1228	100.--	1275)		1322	115.--
1182	110.--	1229	33.--	1276	100.--	1323	850.--
1183	70.--	1230	26.--	1277	42.--	1324	180.--
1184	16.--	1231	30.--	1278	31.--	1325	95.--
1185	180.--	1232	7.--	1279	120.--	1326	105.--
1186	150.--	1233	310.--	1280	60.--	1327	128.--
1187	80.--	1234	11.--	1281	13.--	1328	125.--
1188	20.--	1235	16.--	1282	4.--	1329	115.--
1189	65.--	1236	15.--	1283	31.--	1330	170.--
1190	32.--	1237	21.--	1284	120.--	1331	33.--
1191	36.--	1238)		1285	12.--	1332 (	
1192	30.--	1239 (	81.--	1286	405.--	1333 (	13.--
1193	51.--	1240)		1287	925.--	1334	27.--
1194	22.--	1241	30.--	1288	410.--	1335	1950.--
1195	16.--	1242	21.--	1289	200.--	1336	480.--
1196	510.--	1243	30.--	1290	26.--	1337	50.--
1197	105.--	1244	26.--	1291 (	11.--	1338	retiré
1198	20.--	1245	165.--	1292 (		1339	23.--
1199	48.--	1246	200.--	1293	40.--	1340	35.--
1200	40.--	1247	140.--	1294	4.--	1341 (	
1201	20.--	1248	23.--	1295	16.--	1342 (	16.--
1202	4.--	1249	24.--	1296	17.--	1343	11.--
1203	31.--	1250	305.--	1297	19.--	1344 (	50.--
1204	25.--	1251	30.--	1298)		1345 (	
1205	60.--	1252	16.--	1299 (	19.--	1346	60.--
1206 (	21.--	1253	6.--	1300)		1347)	
1207 (		1254	41.--	1301	56.--	1348 (	41.--
1208	110.--	1255	670.--	1302	20.--	1349 (	
1209	18.--	1256	105.--	1303 (	20.--	1350)	
1210	12.--	1257	43.--	1304 (		1351	55.--
1211	30.--	1258	150.--	1305)		1352	7.--
1212	23.--	1259	46.--	1306 (	17.--	1353	21.--
1213	260.--	1260)		1307)		1354	18.--
1214	38.--	1261 (	21.--	1308	6.--	1355 (	16.--
1215	25.--	1262)		1309	46.--	1356 (	
1216	15.--	1263)		1310	24.--	1357	15.--
1217	48.--	1264 (	21.--	1311 (	7.--	1358	23.--
1218	22.--	1265)		1312 (		1359	6.--
1219	255.--	1266)	14.--	1313	21.--	1360	120.--
1220	220.--	1267)		1314	25.--	1361	68.--
1221	24.--	1268	21.--	1315	11.--	1362	20.--

Nos	Francs	Nos	Francs	Nos	Francs	Nos	Francs
1363	16.--	1410 (		1457 (	12.--	1504	30.--
1364	)	1411	21.--	1458)		1505 (	5.--
1365 (	38.--	1412	18.--	1459	420.--	1506 (	
1366)		1413	13.--	1460	43.--	1507	51.--
1367	41.--	1414	30.--	1461	75.--	1508	165.--
1368	retiré	1415	210.--	1462	8.--	1509	145.--
1369	650.--	1416	420.--	1463	155.--	1510	11.--
1370)		1417	305.--	1464	330.--	1511	80.--
1371 (	26.--	1418	26.--	1465	62.--	1512	105.--
1372)		1419	1050.--	1466	22.--	1513	21.--
1373	35.--	1420	240.--	1467	36.--	1514	6.--
1374	31.--	1421	110.--	1468	700.--	1515	18.--
1375	11.--	1422	54.--	1469	330.--	1516	31.--
1376	22.--	1423	105.--	1470	32.--	1517	41.--
1377	360.--	1424	11.--	1471	85.--	1518	33.--
1378	50.--	1425	80.--	1472	155.--	1519	46.--
1379)		1426	21.--	1473	510.--	1520	63.--
1380)		1427	20.--	1474	1550.--	1521	138.--
1381 (	16.--	1428	32.--	1475	1385.--	1522	105.--
1382)		1429	18.--	1476	60.--	1523	125.--
1383)		1430	11.--	1477	20.--	1524	215.--
1384)		1431	45.--	1478	420.--	1525	305.--
1385	50.--	1432)		1479	45.--	1526	135.--
1386	15.--	1433 (	12.--	1480	1400.--	1527	55.--
1387	21.--	1434 (		1481	11.--	1528	4.--
1388	15.--	1435)		1482	45.--	1529	170.--
1389	41.--	1436	55.--	1483	30.--	1530	205.--
1390	7.--	1437	1125.--	1484	165.--	1531	210.--
1391	5.--	1438	25.--	1485	380.--	1532	170.--
1392	85.--	1439	32.--	1486	4.--	1533	155.--
1393	13.--	1440	46.--	1487	510.--	1534	70.--
1394	10.--	1441	37.--	1488	31.--	1535	130.--
1395	41.--	1442	60.--	1489	2500.--	1536	91.--
1396	21.--	1443	110.--	1490	50.--	1537	10.--
1397	3.--	1444	58.--	1491	86.--	1538	100.--
1398	8.--	1445	31.--	1492	40.--	1539	96.--
1399 (	12.--	1446	40.--	1493	3.--	1540	60.--
1400 (		1447	10.--	1494	20.--	1541	175.--
1401)		1448	28.--	1495	700.--	1542	155.--
1402 (	17.--	1449	45.--	1496	270.--	1543	41.--
1403 (		1450	32.--	1497	1050.--	1544	170.--
1404)		1451	3.--	1498	125.--	1545	330.--
1405	11.--	1452	30.--	1499	16.--	1546	165.--
1406	11.--	1453)		1500	27.--	1547	135.--
1407	15.--	1454 (	13.--	1501	15.--	1548	130.--
1408	13.--	1455)		1502	16.--	1549	90.--
1409 (	5.--	1456)		1503	60.--	1550	130.--

Nos	Francs	Nos	Francs	Nos	Francs	Nos	Francs
1551	40.--	1598	55.--	1645	40.--	1692	7.--
1552	55.--	1599	40.--	1646	11.--	1693	42.--
1553	23.--	1600	50.--	1647	30.--	1694	27.--
1554 (	16.--	1601	41.--	1648	21.--	1695	25.--
1555 (		1602	32.--	1649	63.--	1696	8.--
1556	16.--	1603	21.--	1650	30.--	1697	40.--
1557 (	42.--	1604	40.--	1651	100.--	1698	70.--
1558 (		1605	42.--	1652	41.--	1699	15.--
1559	11.--	1606	27.--	1653	130.--	1700 (	40.--
1560	9.--	1607	55.--	1654 (	?	1701 (	
1561	15.--	1608	36.--	1655 (	50.--	1702	9.--
1562)		1609	35.--	1656	32.--	1703 (	31.--
1563 (		1610	40.--	1657	21.--	1704 (	
1564)		1611	25.--	1658)		1705	retiré
1565 (	61.--	1612	27.--	1659)		1706	25.--
1566)		1613	55.--	1660 (	61.--	1707	31.--
1567 (		1614	140.--	1661)		1708	10.--
1568)		1615	145.--	1662)		1709 (	11.--
1569	85.--	1616	28.--	1663	63.--	1710 (	
1570	11.--	1617	125.--	1664	30.--	1711 (	
1571 (	12.--	1618	61.--	1665	40.--	1712 (	31.--
1572 (		1619	43.--	1666	44.--	1713	3.--
1573	71.--	1620	28.--	1667 (	61.--	1714	3.--
1574	30.--	1621	22.--	1668 (		1715	13.--
1575	44.--	1622	8.--	1669	31.--	1716	13.--
1576	95.--	1623	28.--	1670	31.--	1717	10.--
1577	33.--	1624	7.--	1671	11.--	1718	6.--
1578 (	8.--	1625	30.--	1672	30.--	1719	7.--
1579 (		1626	75.--	1673	9.--	1720	11.--
1580	76.--	1627	130.--	1674	50.--	1721	9.--
1581	76.--	1628	55.--	1675	15.--	1722 (	10.--
1582	13.--	1629	115.--	1676 (	45.--	1723 (	
1583	25.--	1630	31.--	1677 (		1724 (	8.--
1584	155.--	1631	40.--	1678	30.--	1725 (	
1585	110.--	1632	91.--	1679)		1726	11.--
1586	145.--	1633	40.--	1680)		1727	3.--
1587	180.--	1634	22.--	1681 (	150.--	1728	12.--
1588	130.--	1635	190.--	1682)		1729	130.--
1589	11.--	1636	76.--	1683)		1730	26.--
1590)		1637	17.--	1684	11.--	1731	26.--
1591 (	25.--	1638	90.--	1685	60.--	1732	40.--
1592)		1639	200.--	1686	45.--	1733	23.--
1593	6.--	1640	95.--	1687	20.--	1734	61.--
1594	70.--	1641	36.--	1688	17.--	1735	65.--
1595	120.--	1642	215.--	1689	20.--	1736	40.--
1596	21.--	1643	28.--	1690	30.--	1737	31.--
1597	8600.--	1644	46.--	1691	20.--	1738	3.--

NOS	Francs	Nos	Francs	Nos	Francs	Nos	Francs
1739	11.--	1786	70.--	1833	25.--	1880	25.--
1740	30.--	1787	3.--	1834	200.--	1881	28.--
1741	80.--	1788	15.--	1835	1600.--	1882	50.--
1742	30.--	1789	51.--	1836	255.--	1883	30.--
1743	{ 29.--	1790	50.--	1837	80.--	1884	305.--
1744	{	1791	25.--	1838	90.--	1885	1500.--
1745	33.--	1792	7.--	1839	15.--	1886	15.--
1746	{ 32.--	1793	21.--	1840	30.--	1887	21.--
1747	{	1794	45.--	1841	15.--	1888	31.--
1748	30.--	1795	16.--	1842	60.--	1889	20.--
1749	30.--	1796	205.--	1843	95.--	1890	20.--
1750	12.--	1797	60.--	1844	350.--	1891	20.--
1751	40.--	1798	85.--	1845	320.--	1892	21.--
1752	)	1799	34.--	1846	150.--	1893	190.--
1753	{ 58.--	1800	105.--	1847	775.--	1894	31.--
1754	)	1801	120.--	1848	175.--	1895	37.--
1755	30.--	1802	{ 7.--	1849	75.--	1896	11.--
1756	5.--	1803	{	1850	130.--	1897	530.--
1757	8.--	1804	0.--	1851	11.--	1898	310.--
1758	3.--	1805	4.--	1852	2775.--	1899	500.--
1759	6.--	1806	)	1853	40.--	1900	7.--
1760	20.--	1807	{ 8.--	1854	55.--	1901	22.--
1761	30.--	1808	)	1855	1000.--	1902	18.--
1762	19.--	1809	)	1856	135.--	1903	{ 7.--
1763	16.--	1810	{ 6.--	1857	260.--	1904	{
1764	12.--	1811	{	1858	155.--	1905	22.--
1765	30.--	1812	)	1859	100.--	1906	11.--
1766	36.--	1813	25.--	1860	21.--	1907	20.--
1767	{ 6.--	1814	56.--	1861	140.--	1908	32.--
1768	{	1815	25.--	1862	210.--	1909	6.--
1769	60.--	1816	95.--	1863	45.--	1910	25.--
1770	50.--	1817	90.--	1864	11.--	1911	7.--
1771	25.--	1818	{ 15.--	1865	2375.--	1912	20.--
1772	{ 37.--	1819	{	1866	220.--	1913	60.--
1773	{	1820	420.--	1867	{ 17.--	1914	{ 10.--
1774	44.--	1821	150.--	1868	{	1915	{
1775	19.--	1822	245.--	1869	22.--	1916	535.--
1776	50.--	1823	160.--	1870	31.--	1917	100.--
1777	165.--	1824	115.--	1871	17.--	1918	11.--
1778	{ 11.--	1825	115.--	1872	34.--	1919	{ 25.--
1779	{	1826	210.--	1873	)	1920	{
1780	{ 25.--	1827	1500.--	1874	{ 15.--	1921	4.--
1781	{	1828	2325.--	1875	)	1922	18.--
1782	20.--	1829	200.--	1876	6.--	1923	{ 15.--
1783	100.--	1830	150.--	1877	18.--	1924	{
1784	38.--	1831	100.--	1878	18.--	1925	25.--
1785	4.--	1832	25.--	1879	51.--	1926	205.--

NOs	Francs	Nos	Francs	Nos	Francs	Nos	Francs
1927	{ 40.--	1974	185.--	2021	190.--	2068	63.--
1928	{	1975	22.--	2022	{ 26.--	2069	13.--
1929	36.--	1976	62.--	2023	(	2070	170.--
1930	12.--	1977	66.--	2024	200.--	2071	200.--
1931	65.--	1978	26.--	2025	130.--	2072	36.--
1932	11.--	1979	105.--	2026	420.--	2073	375.--
1933	)	1980	370.--	2027	120.--	2074	31.--
1934	(13.--	1981	95.--	2028	30.--	2075	26.--
1935	)	1982	5.--	2029	620.--	2076	{ 12.--
1936	15 .--	1983	260.--	2030	400.--	2077	(
1937	18.--	1984	22.--	2031	520.--	2078	)
1938	32.--	1985	160.--	2032	355.--	2079	{ 26.--
1939	22.--	1986	60.--	2033	205.--	2080	(
1940	6.--	1987	23.--	2034	2525.--	2081	)
1941	30.--	1988	6.--	2035	2225.--	2082	26.--
1942	31.--	1889	22.--	2036	720.--	2083	)
1943	18.--	1990	16.--	2037	250.--	2084	(13.--
1944	14.--	1991	55.--	2038	3300.--	2085	)
1945	22.--	1992	66.--	2039	1050.--	2086	8.--
1946	4.--	1993	4500.--	2040	3.--	2087	15.--
1947	20.--	1994	60.--	2041	150.--	2088	(8.--
1948	150.--	1995	135.--	2042	50.--	2089	(
1949	32.--	1996	42.--	2043	120.--	2090	360.--
1950	3600.--	1997	22.--	2044	11.--	2091	10000.--
1951	510.--	1998	620.--	2045	315.--	2092	9500.--
1952	70.--	1999	80.--	2046	350.--	2093	1575.--
1953	(	2000	18.--	2047	155.--	2094	180.--
1954	(20.--	2001	170.--	2048	55.--	2095	150.--
1955	)	2002	30.--	2049	855.--	2096	170.--
1956	24.--	2003	200.--	2050	65.--	2097	430.--
1957	13.--	2004	12.--	2051	200.--	2098	310.--
1958	(27.--	2005	30.--	2052	110.--	2099	350.--
1959	(	2006	80.--	2053	400.--	2100	1025.--
1960	210.--	2007	56.--	2054	(13.--	2101	240.--
1961	65.--	2008	3200.--	2055	(	2102	35.--
1962	16.--	2009	720.--	2056	80.--	2103	35.--
1963	120.--	2010	10000.--	2057	30.--	2104	165.--
1964	33.--	2011	16.--	2058	20.--	2105	100.--
1965	48.--	2012	155.--	2059	20.--	2106	85.--
1966	150.--	2013	105.--	2060	20.--	2107	100.--
1967	135.--	? 2014	85.--	2061	240.--	2108	21.--
1968	145.--	2015	11.--	2062	105.--	2119	11.--
1969	190.--	2016	6.--	2063	80.--	2110	41.--
1970	305.--	2017	45.--	2064	125.--	2111	42.--
1971	175.--	2018	15.--	2065	170.--	2112	11.--
1972	205.--	2019	(11.--	2066	30.--	2113	{ 16.--
1973	105.--	2020	(	2067	200.--	2114	(

9500.-

[illegible]

Nos	Francs	Nos	Francs	Nos	Francs	Nos	Francs
2115	20.--	2162	105.--	2209	38.--	2256	52.--
2116	{ 12.--	2163	21.--	2210	510.--	2257	40.--
2117		2164	45.--	2211	{ 5.--	2258	410.--
2118	420.--	2165	50.--	2212		2259	52.--
2119	16.--	2166	125.--	2213		2260	9.--
2120	3700.--	2167	230.--	2214	{ 12.--	2261	10.--
2121	16.--	2168	165.--	2215		2262	7.--
2122	20.--	2169	305.--	2216	760.--	2263	32.--
2123	21.--	2170	500.--	2217	250.--	2264	12.--
2124	46.--	2171	23.--	2218	300.--	2265	80.--
2125	75.--	2172	245.--	2219	{ 12.--	2266	210.--
2126	{ 15.--	2173	410.--	2220		2267	600.--
2127		2174	2525.--	2221	610.--	2268	21.--
2128	5.--	2175	625.--	2222	1100.--	2269	8.--
2129	{ 20.--	2176	1500.--	2223	52.--	2270	105.--
2130		2177	1325.--	2224	22.--	2271	{ 20.--
2131	11.--	2178	3800.--	2225	400.--	2272	
2132	20.--	2179	1600.--	2226	510.--	2273	7.--
2133	70.--	2180	80.--	2227	130.--	2274	165.--
2134	10.--	2181	600.--	2228	2025.--	2275	380.--
2135	22.--	2182	610.--	2229	2500.--	2276	150.--
2136	13.--	2183	2050.--	2230	3725.--	2277	23.--
2137	{ 11.--	2184	875.--	2231	{ 38.--	2278	23.--
2138		2185	2825.--	2232		2279	23.--
2139		2186	140.--	2233		2280	24.--
2140	40.--	2187	1000.--	2234		2281	10.--
2141	12.--	2188	420.--	2235		2282	85.--
2142	45.--	2189	360.--	2236		2283	21.--
2143	28.--	2190	620.--	2237	11.--	2284	20.--
2144	16.--	2191	215.--	2238	450.--	2285	20.--
2145	900.--	2192	1050.--	2239	4.--	2286	18.--
2146	210.--	2193	31.--	2240	25.--	2287	7.--
2147	260.--	2194	42.--	2241	{ 24.--	2288	280.--
2148	125.--	2195	30.--	2242		2289	430.--
2149	325.--	2196	43.--	2243	8.--	2290	66.--
2150	85.--	2197	165.--	2244	20.--	2291	1950.--
2151	55.--	2198	23.--	2245	13.--	2292	105.--
2152	55.--	2199	1550.--	2246	{ 32.--	2293	35.--
2153	80.--	2200	1225.--	2247		2294	35.--
2154	50.--	2201	32.--	2248	115.--	2295	205.--
2155	45.--	2202	2500.--	2249	600.--	2296	15.--
2156	42.--	2203	1525.--	2250	115.--	2297	60.--
2157	42.--	2204	35.--	2251	62.--	2298	135.--
2158	51.--	2205	2500.--	2252	68.--	2299	35.--
2159	35.--	2206	510.--	2253	70.--	2300	60.--
2160	165.--	2207	600.--	2254	62.--	2301	36.--
2161	27.--	2208	48.--	2255	135.--	2302	42.--

Nos	Francs	Nos	Francs	Nos	Francs	Nos	Francs
2303	41.--	2350	90.--	2397 (	21.--	2444	11.--
2304	90.--	2351	500.--	2398)		2445 (	13.--
2305	150.--	2352	500.--	2399	12025.--	2446 (	
2306	55.--	2353	30.--	2400	1625.--	2447	125.--
2307	135.--	2354	20.--	2401	35.--	2448	16.--
2308	260.--	2355	45.--	2402	100.--	2449	5.--
2309	41.--	2356	46.--	2403	40.--	2450 (	15.--
2310	150.--	2357	20.--	2404	15.--	2451 (	
2311	115.--	2358	16.--	2405	42.--	2452	220.--
2312	50.--	2359	25.--	2406	110.--	2453	165.--
2313	145.--	2360 (	31.--	2407	21.--	2454	26.--
2314	105.--	2361 (		2408	17.--	2455	22.--
2315	150.--	2362	11.--	2409	35.--	2456	110.--
2316	55.--	2363	22.--	2410	43.--	2457	41.--
2317	46.--	2364	36.--	2411	51.--	2458 (	8.--
2318	75.--	2365	45.--	2412	185.--	2459 (	
2319	80.--	2366	250.--	2413	17.--	2460	435.--
2320	96.--	2367	335.--	2414)		2461	160.--
2321	75.--	2368	11.--	2415 (	34.--	2462	56.--
2322	430.--	2369	1125.--	2416)		2463	410.--
2323	125.--	2370	1275.--	2417	280.--	2464	380.--
2324	260.--	2371	125.--	2418	10.--	2465	180.--
2325	360.--	2372	305.--	2419	15.--	2466	95.--
2326	365.--	2373	61.--	2420	11.--	2467	50.--
2327	100.--	2374	60.--	2421	3.--	2468	85.--
2328	90.--	2375	26.--	2422	185.--	2469	40.--
2329	55.--	2376	165.--	2423	22.--	2470	40.--
2330	120.--	2377	100.--	2424	55.--	2471	50.--
2331	305.--	2378	300.--	2425	32.--	2472	90.--
2332	63.--	2379	305.--	2426	65.--	2473 (	62.--
2333	80.--	2380	250.--	2427	36.--	2474 (	
2334	35.--	2381	65.--	2428	85.--	2475	21.--
2335	105.--	2382	7.--	2429	16.--	2476	26.--
2336	120.--	2383	40.--	2430	260.--	2477	17.--
2337	21.--	2384 (	21.--	2431	65.--	2478	25.--
2338	280.--	2385 (		2432	200.--	2479)	
2339	13.--	2386)		2433	27.--	2480 (	21.--
2340	25.--	2387 (		2434	5.--	2481)	
2341	40.--	2388)		2435	13.--	2482	42.--
2342	70.--	2389 (	41.--	2436	10.--	2483	28.--
2343	50.--	2390)		2437	17.--	2484	9.--
2344	16.--	2391 (		2438	195.--	2485	12.--
2345	140.--	2392)		2439	55.--	2486 (	19.--
2346	13.--	2393	25.--	2440	85.--	2487 (	
2347	60.--	2394	28.--	2441	45.--	2488	62.--
2348	20.--	2395)		2442	29.--	2489	30.--
2349	170.--	2396)		2443	31.--	2490	32.--

Nos	Francs	Nos	Francs	Nos	Francs	Nos	Francs
2491	41.--	2538	82.--	2585	45.--	2632	6.--
2492	7.--	2539	40.--	2586	56.--	2633	155.--
2493	325.--	2540	31.--	2587	105.--	2634	26.--
2494	13.--	2541	40.--	2588	115.--	2635	32.--
2495	35.--	2542	42.--	2589	330.--	2636	18.--
2496		2543	35.--	2590	580.--	2637	27.--
2497	365.--	2544	23.--	2591	12.--	2638	240.--
2498	31.--	2545	260.--	2592		2639	420.--
2499	1050.--	2546	13.--	2593	4.--	2640	70.--
2500	61.--	2547		2594	70.--	2641	370.--
2501	50.--	2548		2595		2642	65.--
2502	31.--	2549	36.--	2596	16.--	2643	60.--
2503	155.--	2550		2597		2644	305.--
2504	125.--	2551	245.--	2598	18.--	2645	120.--
2505	330.--	2552	15.--	2599		2646	230.--
2506	210.--	2553	16.--	2600	100.--	2647	30.--
2507	67.--	2554		2601	120.--	2648	300.--
2508	51.--	2555	760.--	2602	40.--	2649	200.--
2509	95.--	2556	85.--	2603	50.--	2650	26.--
2510	300.--	2557	30.--	2604	17.--	2651	310.--
2511	51.--	2558	20.--	2605	250.--	2652	11.--
2512	455.--	2559	11.--	2606	10.--	2653	105.--
2513	710.--	2560	28.--	2607	13.--	2654	35.--
2514	270.--	2561	150.--	2608	22.--	2655	20.--
2515	60.--	2562	23.--	2609	15.--	2656	5.--
2516	30.--	2563	520.--	2610	4.--	2657	7.--
2517	105.--	2564	100.--	2611	11.--	2658	
2518	70.--	2565	250.--	2612	8.--	2659	100.--
2519	155.--	2566	150.--	2613	26.--	2660	310.--
2520	155.--	2567	60.--	2614	12.--	2661	44.--
2521	22.--	2568	150.--	2615		2662	40.--
2522		2569	105.--	2616	32.--	2663	60.--
2523	13.--	2570	56.--	2617	20.--	2664	45.--
2524		2571	40.--	2618	11.--	2665	130.--
2525	35.--	2572	26.--	2619		2666	50.--
2526	110.--	2573	16.--	2620	30.--	2667	45.--
2527	43.--	2574		2621	29.--	2668	100.--
2528	54.--	2575	16.--	2622		2669	33.--
2529	40.--	2576	17.--	2623	25.--	2670	
2530	42.--	2577	40.--	2624	340.--	2671	170.--
2531	36.--	2578	26.--	2625	265.--	2672	1025.--
2532	30.--	2579	11.--	2626	9.--	2673	11.--
2533	30.--	2580	21.--	2627	8.--	2674	145.--
2534	16.--	2581	11.--	2628	45.--	2675	9.--
2535	10.--	2582	52.--	2629	11.--	2676	17.--
2536	30.--	2583	16.--	2630	9.--	2677	33.--
2537	10.--	2584	11.--	2631	9.--	2678	7.--

Nos	Francs	Nos	Francs	Nos	Francs	Nos	Francs
2679	11.--	2726	330.--	2773	18.--	2820	50.--
2680	5.--	2727	165.--	2774	{ 11.--	2821	100.--
2681	3800.--	2728	130.--	2775		2822	260.--
2682	1025.--	2729	105.--	2776	21.--	2823	165.--
2683	150.--	2730	205.--	2777	61.--	2824	3.--
2684	455.--	2731	80.--	2778	150.--	2825	1325.--
2685	260.--	2732	43.--	2779	210.--	2826	13.--
2686	36.--	2733	175.--	2780	{ 18.--	2827	1025.--
2687	55.--	2734	7.--	2781		2828	{ 28.--
2688	22.--	2735	11.--	2782	22.--	2829	
2689	18.--	2736	95.--	2783	{ 21.--	2830	95.--
2690	11.--	2737	5.--	2784		2831	35.--
2691	25.--	2738	75.--	2785	16.--	2832	4.--
2692	40.--	2739	35.--	2786	25.--	2833	100.--
2693	50.--	2740	50.--	2787	26.--	2834	1.--
2694	5.--	2741	43.--	2788	115.--	2835	205.--
2695	12.--	2742	25.--	2789	21.--	2836	45.--
2696	18.--	2743	58.--	2790	250.--	2837	145.--
2697	130.--	2744	50.--	2791	100.--	2838	110.--
2698	32.--	2745	3.--	2792	35.--	2839	26.--
2699	42.--	2746	25.--	2793	43.--	2840	25.--
2700	21.--	2747	105.--	2794	15.--	2841	30.--
2701	20.--	2748	30.--	2795	13.--	2842	25.--
2702	43.--	2749	10.--	2796	18.--	2843	10.--
2703	13.--	2750	155.--	2797	120.--	2844	3.--
2704	60.--	2751	60.--	2798	34.--	2845	45.--
2705	12.--	2752	13.--	2799	71.--	2846	30.--
2706	13.--	2753	5.--	2800	{ 40.--	2847	2125.--
2707	30.--	2754	50.--	2801		2848	50.--
2708	4.--	2755	330.--	2802	26.--	2849	100.--
2709	12.--	2756	58.--	2803	31.--	2850	{ 61.--
2710	28.--	2757	105.--	2804	{ 15.--	2851	
2711	4.--	2758	7.--	2805		2852	65.--
2712	7.--	2759	330.--	2806	115.--	2853	15.--
2713	{ 15.--	2760	130.--	2807	55.--	2854	18.--
2714		2761	36.--	2808	30.--	2855	20.--
2715	28.--	2762	130.--	2809	12.--	2856	13.--
2716	{ 12.--	2763	115.--	2810	110.--	2857	40.--
2717		2764	65.--	2811	65.--	2858	34.--
2718	18.--	2765	55.--	2812	21.--	2859	25.--
2719	60.--	2766	60.--	2813	{ 11.--	2860	60.--
2720	43.--	2767	20.--	2814		2861	20.--
2721	58.--	2768	240.--	2815		2862	46.--
2722	82.--	2769	8.--	2816		2863	62.--
2723	43.--	2770	30.--	2817	700.--	2864	3.--
2724	215.--	2771	3.--	2818	20.--	2865	17.--
2725	220.--	2772	5.--	2819	17.--	2866	12.--

Nos	FRANCS	Nos	Francs	Nos	Francs	Nos	Francs
2867	7.--	2914	24.--	2961	5.--	3008	95.--
2868	65.--	2915	35.--	2962	95.--	3009	75.--
2869	20.--	2916	80.--	2963	6125.--	3010	225.--
2870	18.--	2917	72.--	2964	46.--	3011	105.--
2871	17.--	2918	80.--	2965	135.--	3012	31.--
2872	15.--	2919	23.--	2966	13.--	3013	11.--
2873	16.--	2920	250.--	2967	4.--	3014	22.--
2874 (	9.--	2921	2000.--	2968	90.--	3015	43.--
2875 (		2922	12.--	2969	25.--	3016	26.--
2876	115.--	2923	41.--	2970	14.--	3017	27.--
2877	57.--	2924	34.--	2971	19.--	3018	25.--
2878	10.--	2925	45.--	2972	85.--	3019	105.--
2879 (	55.--	2926	4.--	2973 (	15.--	3020	85.--
2880 (		2927	130.--	2974 (		3021	15.--
2881	125.--	2928	150.--	2975	14.--	3022	25.--
2882	46.--	2929	755.--	2976	705.--	3023	25.--
2883	4.--	2930	65.--	2977	500.--	3024	15.--
2884	18.--	2931	35.--	2978	20.--	3025	52.--
2885	13.--	2932	23.--	2979	75.--	3026	39.--
2886	4.--	2933	18.--	2980	450.--	3027	22.--
2887	7.--	2934	28.--	2981	230.--	3028	105.--
2888	3.--	2935	35.--	2982	80.--	3029	135.--
2889	50.--	2936	700.--	2983	50.--	3030	63.--
2890 (	52.--	2937	250.--	2984	25.--	3031	56.--
2891 (		2938	20.--	2985	21.--	3032	75.--
2892	31.--	2939	205.--	2986	75.--	3033	40.--
2893	120.--	2940	65.--	2987	105.--	3034	13.--
2894	30.--	2941	75.--	2988	65.--	3035	135.--
2895	205.--	2942	130.--	2989	15.--	3036	355.--
2896	400.--	2943	265.--	2990	350.--	3037	130.--
2897	110.--	2944	500.--	2991	405.--	3038	125.--
2898	9.--	2945	35.--	2992	220.--	3039	31.--
2899	355.--	2946	155.--	2993)		3040	3.--
2900	12.--	2947	100.--	2994 (	40.--	3041	45.--
2901	9.--	2948	170.--	2995)		3042	12.--
2902	110.--	2949	180.--	2996	2500.--	3043	7.--
2903	20.--	2950	95.--	2997	42.--	3044	20.--
2904	8.--	2951	1550.--	2998	25.--	3045	11.--
2905	60.--	2952	70.--	2999	40.--	3046	32.--
2906)		2953	125.--	3000	18.--	3047	33.--
2907 (	16.--	2954	40.--	3001	40.--	3048	125.--
2908)		2955	16.--	3002	45.--	3049	110.--
2909	600.--	2956	16.--	3003	34.--	3050	21.--
2910	16.--	2957	18.--	3004	11.--	3051	12.--
2911 (	10.--	2958	115.--	3005	44.--	3052	14.--
2912 (		2959	62.--	3006	58.--	3053	12.--
2913	36.--	2960	150.--	3007	20.--	3054	13.--

Nos	Francs	Nos	Francs	Nos	Francs	Nos	Francs
3055	60.--	3102	17.--	3149	305.--	3196	20.--
3056	105.--	3103	160.--	3150	12.--	3197	20.--
3057	160.--	3104	25.--	3151	41.--	3198	50.--
3058	80.--	3105	255.--	3152	620.--	3199	340.--
3059	65.--	3106	550.--	3153	24.--	3200	330.--
3060	25.--	3107	9.--	3154	3.--	3201	220.--
3061	62.--	3108	13.--	3155	255.--	3202	270.--
3062	46.--	3109	4.--	3156	57.--	3203	270.--
3063	15.--	3110	21.--	3157	25.--	3204	51.--
3064	120.--	3111	4.--	3158	15.--	3205	44.--
3065	195.--	3112	45.--	3159	31.--	3206	8.--
3066	85.--	3113	12.--	3160	16.--	3207	25.--
3067	55.--	3114	15.--	3161	18.--	3208	50.--
3068 ⎰	18.--	3115	10.--	3162	20.--	3209	10.--
3069 ⎱		3116	10.--	3163	20.--	3210	220.--
3070	12.--	3117	22.--	3164	21.--	3211	490.--
3071	14.--	3118	10.--	3165	52.--	3212	410.--
3072	9.--	3119	21.--	3166 ⎰	55.--	3213	300.--
3073	30.--	3120	8.--	3167 ⎱		3214	250.--
3074	125.--	3121	41.--	3168	41.--	3215	35.--
3075	145.--	3122	9.--	3169	32.--	3216	420.--
3076	145.--	3123	29.--	3170	45.--	3217	420.--
3077	135.--	3124	22.--	3171	41.--	3218	260.--
3078	165.--	3125	16.--	3172	45.--	3219	290.--
3079	250.--	3126	55.--	3173	41.--	3220	2000.--
3080	200.--	3127	12.--	3174	41.--	3221	800.--
3081	355.--	3128	26.--	3175	90.--	3222	1000.--
3082	295.--	3129	4.--	3176	60.--	3223	450.--
3083	150.--	3130	160.--	3177	37.--	3224	510.--
3084	200.--	3131	85.--	3178	65.--	3225	265.--
3085	51.--	3132	110.--	3179	75.--	3226	235.--
3086	70.--	3133	7.--	3180	70.--	3227	555.--
3087	38.--	3134	305.--	3181	16.--	3228	260.--
3088	85.--	3125	445.--	3182	400.--	3229	230.--
3089	60.--	3136	280.--	3183	310.--	3230	180.--
3090	62.--	3137	105.--	3184	25.--	3231	320.--
3091	51.--	3138	40.--	3185	60.--	3232	205.--
3092	32.--	3139	145.--	3186	50.--	3233	200.--
3093	105.--	3140	230.--	3187	21.--	3234	230.--
3094	40.--	3141	350.--	3188	30.--	3235	315.--
3095	82.--	3142	350.--	3189	37.--	3236	9025.--
3096	42.--	3143	70.--	3190	20.--	3237	6000.--
3097	30.--	3144	605.--	3191	33.--	3238	6.--
3098	82.--	3145	30.--	3192	380.--	3239	1000.--
3099	3.--	3146	110.--	3193	70.--	3240.	650.--
3100	8.--	3147	90.--	3194	20.--	3241	500.--
3101	3.--	3148	250.--	3195	115.--	3242 ⎰	

Nos	Francs	Nos	Francs	Nos	Francs	Nos	Francs
3243 (	31.--	3266	260.--	3289	31.--	3312	13.--
3244	56.--	3267	120.--	3290	100.--	3313	22.--
3245	40.--	3268	220.--	3291	85.--	3314 (	36.--
3246	26.--	3269	360.--	3292	65.--	3315 (	
3247	420.--	3270	260.--	3293	56.--	3316	70.--
3248	1100.--	3271	270.--	3294	7.--	3317	70.--
3249	205.--	3272	145.--	3295	65.--	3318 (	5.--
3250	32.--	3273	160.--	3296	155.--	3319 (	
3251	12.--	3274	365.--	3297	105.--	3320	15.--
3252 (	10.--	3275	41.--	3298	940.--	3321	25.--
3253 (		3276	600.--	3299	135.--	3322	20.--
3254	30.--	3277	210.--	3300	170.--	3323	6.--
3255	30.--	3278	50.--	3301	285.--	3324	20.--
3256	20.--	3279	20.--	3302	85.--	3325	25.--
3257 (	9.--	3280	115.--	3303	145.--	3326	36.--
3258 (		3281	190.--	3304	52.--	3327	6.--
3259	7.--	3282	115.--	3305	52.--	3328	15.--
3260	250.--	3283	850.--	3306	290.--	3329	20.--
3261	9.--	3284	40.--	3307	325.--	3330	15.--
3262	505.--	3285	20.--	3308	33.--	3331	15.--
3263	120.--	3286	205.--	3309	50.--	3332	16.--
3264	365.--	3287	40.--	3310	115.--	3333 (	4.--
3265	40.--	3288	300.--	3311	13.--	3334 (